GREEK SCRIPTURE JOURNAL

ΙΩΑΝΝΟΥ ΕΠΙΣΤΟΛΗ Α — Γ

GREEK TEXT PRODUCED AT
TYNDALE HOUSE
CAMBRIDGE

EDITOR
Dirk Jongkind

ASSOCIATE EDITOR
Peter J. Williams

ASSISTANT EDITORS
Peter M. Head
Patrick James

CROSSWAY
WHEATON, ILLINOIS — ESV.ORG

Greek Scripture Journal: 1–3 John

Printed in China
Published by Crossway
Wheaton, IL 60187, USA
crossway.org

Crossway is a not-for-profit publishing ministry that exists solely for the purpose of publishing the Good News of the Gospel and the Truth of God's Word, the Bible.

RRDS 26 25 24 23 22 21 20 19
10 9 8 7 6 5 4 3 2

PREFACE

The books that constitute the Greek New Testament have a rich body of evidence behind them. Parts of these texts are attested in Greek manuscripts from as early as the second century AD, and significant witnesses come from every century thereafter until the sixteenth century, when printing had substantially displaced manuscripts as the way to transmit the biblical text.

The Greek New Testament, Produced at Tyndale House, Cambridge, based on a thorough revision of the great nineteenth-century edition of Samuel Prideaux Tregelles, aims to present the New Testament books in the earliest form in which they are well attested. To do this it uses careful analysis of the scribal habits and typical transmission errors of individual manuscripts to establish which readings are likely to be prior.

For the sake of readability, we have differed from early manuscripts by using spaces between words, generally writing in lower case, and admitting verse numbers. To avoid excessive interpretative work on behalf of readers, we have shown restraint in use of paragraphing and capitalization and have restricted punctuation marks to comma, high point, full stop, and question mark. The text is also uninterrupted by signs used in other editions to mark the presence of variants. In addition we have paid special attention to spelling, since New Testament manuscripts from the fifth century or earlier often contain orthography that differs from that of Classical writers, mediaeval manuscripts, and most modern editions.

Those seeking further information concerning the scholarly background of this Greek text are invited to consult the "Introduction to This Edition of the Greek New Testament" found in the full text edition of The *Greek New Testament, Produced at Tyndale House, Cambridge.*

The focus of these sacred scriptures is, of course, on the person of Jesus Christ, presented on page after page as the unique Son of God. No other documents share such a close relationship to him, and this alone is enough reason to encourage all who have the capability and opportunity to devote themselves to the serious study of the New Testament in Greek.

ΙΩΑΝΝΟΥ ΕΠΙΣΤΟΛΗ Α

1 Ὃ ἦν ἀπ᾽ ἀρχῆς, ὃ ἀκηκόαμεν, ὃ ἑωράκαμεν τοῖς ὀφθαλμοῖς
ἡμῶν, ὃ ἐθεασάμεθα καὶ αἱ χεῖρες ἡμῶν ἐψηλάφησαν
περὶ τοῦ λόγου τῆς ζωῆς· 2 καὶ ἡ ζωὴ ἐφανερώθη, καὶ
ἑωράκαμεν καὶ μαρτυροῦμεν καὶ ἀπαγγέλλομεν ὑμῖν τὴν
ζωὴν τὴν αἰώνιον ἥτις ἦν πρὸς τὸν πατέρα καὶ ἐφανερώθη
ἡμῖν· 3 ὃ ἑωράκαμεν καὶ ἀκηκόαμεν, ἀπαγγέλλομεν καὶ ὑμῖν
ἵνα καὶ ὑμεῖς κοινωνίαν ἔχητε μεθ᾽ ἡμῶν· καὶ ἡ κοινωνία
δὲ ἡ ἡμετέρα μετὰ τοῦ πατρὸς καὶ μετὰ τοῦ υἱοῦ αὐτοῦ
Ἰησοῦ χριστοῦ. 4 καὶ ταῦτα γράφομεν ἡμεῖς ἵνα ἡ χαρὰ ἡμῶν
ᾖ πεπληρωμένη. 5 καὶ ἔστιν αὕτη ἡ ἀγγελία ἣν ἀκηκόαμεν
ἀπ᾽ αὐτοῦ καὶ ἀναγγέλλομεν ὑμῖν ὅτι ὁ θεὸς φῶς ἐστιν
καὶ σκοτία ἐν αὐτῷ οὐκ ἔστιν οὐδεμία. 6 ἐὰν εἴπωμεν ὅτι
κοινωνίαν ἔχομεν μετ᾽ αὐτοῦ καὶ ἐν τῷ σκότει περιπατῶμεν,

ψευδόμεθα καὶ οὐ ποιοῦμεν τὴν ἀλήθειαν· 7 ἐὰν δὲ ἐν τῷ
φωτὶ περιπατῶμεν ὡς αὐτός ἐστιν ἐν τῷ φωτί, κοινωνίαν
ἔχομεν μετ᾽ ἀλλήλων καὶ τὸ αἷμα Ἰησοῦ τοῦ υἱοῦ αὐτοῦ
καθαρίζει ἡμᾶς ἀπὸ πάσης ἁμαρτίας. 8 ἐὰν εἴπωμεν ὅτι
ἁμαρτίαν οὐκ ἔχομεν, ἑαυτοὺς πλανῶμεν καὶ ἡ ἀλήθεια
οὐκ ἔστιν ἐν ἡμῖν. 9 ἐὰν ὁμολογῶμεν τὰς ἁμαρτίας ἡμῶν,
πιστός ἐστιν καὶ δίκαιος ἵνα ἀφῇ ἡμῖν τὰς ἁμαρτίας καὶ
καθαρίσῃ ἡμᾶς ἀπὸ πάσης ἀδικίας. 10 ἐὰν εἴπωμεν ὅτι οὐχ
ἡμαρτήκαμεν, ψεύστην ποιοῦμεν αὐτὸν καὶ ὁ λόγος αὐτοῦ
οὐκ ἔστιν ἐν ἡμῖν.

2 Τεκνία μου, ταῦτα γράφω ὑμῖν ἵνα μὴ ἁμάρτητε· καὶ ἐάν
τις ἁμάρτῃ, παράκλητον ἔχομεν πρὸς τὸν πατέρα, Ἰησοῦν
χριστὸν δίκαιον, 2 καὶ αὐτὸς ἱλασμός ἐστιν περὶ τῶν
ἁμαρτιῶν ἡμῶν· οὐ περὶ τῶν ἡμετέρων δὲ μόνον ἀλλὰ

καὶ περὶ ὅλου τοῦ κόσμου. 3 καὶ ἐν τούτῳ γινώσκομεν ὅτι
ἐγνώκαμεν αὐτόν, ἐὰν τὰς ἐντολὰς αὐτοῦ τηρῶμεν.
4 Ὁ λέγων ὅτι ἔγνωκα αὐτὸν καὶ τὰς ἐντολὰς αὐτοῦ μὴ τηρῶν,
ψεύστης ἐστίν, καὶ ἐν τούτῳ ἡ ἀλήθεια οὐκ ἔστιν· 5 ὃς δ᾿ ἂν
τηρῇ αὐτοῦ τὸν λόγον, ἀληθῶς ἐν τούτῳ ἡ ἀγάπη τοῦ θεοῦ
τετελείωται. ἐν τούτῳ γινώσκομεν ὅτι ἐν αὐτῷ ἐσμέν. 6 ὁ
λέγων ἐν αὐτῷ μένειν ὀφείλει, καθὼς ἐκεῖνος περιεπάτησεν,
καὶ αὐτὸς οὕτως περιπατεῖν.
7 Ἀγαπητοί, οὐκ ἐντολὴν καινὴν γράφω ὑμῖν ἀλλ᾿ ἐντολὴν
παλαιὰν ἣν εἴχετε ἀπ᾿ ἀρχῆς· ἡ ἐντολὴ ἡ παλαιά ἐστιν ὁ
λόγος ὃν ἠκούσατε. 8 πάλιν ἐντολὴν καινὴν γράφω ὑμῖν ὅ
ἐστιν ἀληθὲς ἐν αὐτῷ καὶ ἐν ὑμῖν, ὅτι ἡ σκοτία παράγεται
καὶ τὸ φῶς τὸ ἀληθινὸν ἤδη φαίνει. 9 ὁ λέγων ἐν τῷ φωτὶ
εἶναι καὶ τὸν ἀδελφὸν αὐτοῦ μισῶν ἐν τῇ σκοτίᾳ ἐστὶν ἕως

ἄρτι. 10 ὁ ἀγαπῶν τὸν ἀδελφὸν αὐτοῦ ἐν τῷ φωτὶ μένει καὶ
σκάνδαλον ἐν αὐτῷ οὐκ ἔστιν. 11 ὁ δὲ μισῶν τὸν ἀδελφὸν
αὐτοῦ ἐν τῇ σκοτίᾳ ἐστὶν καὶ ἐν τῇ σκοτίᾳ περιπατεῖ
καὶ οὐκ οἶδεν ποῦ ὑπάγει, ὅτι ἡ σκοτία ἐτύφλωσεν τοὺς
ὀφθαλμοὺς αὐτοῦ.

12 Γράφω ὑμῖν, τεκνία, ὅτι ἀφέωνται ὑμῖν αἱ ἁμαρτίαι διὰ τὸ
ὄνομα αὐτοῦ. 13 γράφω ὑμῖν, πατέρες, ὅτι ἐγνώκατε τὸν ἀπ᾽
ἀρχῆς. γράφω ὑμῖν, νεανίσκοι, ὅτι νενικήκατε τὸν πονηρόν.

14 Ἔγραψα ὑμῖν, παιδία, ὅτι ἐγνώκατε τὸν πατέρα. ἔγραψα
ὑμῖν, πατέρες, ὅτι ἐγνώκατε τὸν ἀπ᾽ ἀρχῆς. ἔγραψα ὑμῖν,
νεανίσκοι, ὅτι ἰσχυροί ἐστε καὶ ὁ λόγος τοῦ θεοῦ ἐν ὑμῖν
μένει καὶ νενικήκατε τὸν πονηρόν.

15 Μὴ ἀγαπᾶτε τὸν κόσμον μηδὲ τὰ ἐν τῷ κόσμῳ. ἐάν τις ἀγαπᾷ
τὸν κόσμον, οὐκ ἔστιν ἡ ἀγάπη τοῦ πατρὸς ἐν αὐτῷ· 16 ὅτι

πᾶν τὸ ἐν τῷ κόσμῳ, ἡ ἐπιθυμία τῆς σαρκὸς καὶ ἡ ἐπιθυμία
τῶν ὀφθαλμῶν καὶ ἡ ἀλαζονία τοῦ βίου, οὐκ ἔστιν ἐκ τοῦ
πατρὸς ἀλλὰ ἐκ τοῦ κόσμου ἐστίν. 17 καὶ ὁ κόσμος παράγεται
καὶ ἡ ἐπιθυμία αὐτοῦ· ὁ δὲ ποιῶν τὸ θέλημα τοῦ θεοῦ μένει
εἰς τὸν αἰῶνα.

18 Παιδία, ἐσχάτη ὥρα ἐστίν, καὶ καθὼς ἠκούσατε ὅτι
ἀντίχριστος ἔρχεται, καὶ νῦν ἀντίχριστοι πολλοὶ γεγόνασιν
ὅθεν γινώσκομεν ὅτι ἐσχάτη ὥρα ἐστίν. 19 ἐξ ἡμῶν ἐξῆλθαν
ἀλλ᾽ οὐκ ἦσαν ἐξ ἡμῶν· εἰ γὰρ ἦσαν ἐξ ἡμῶν, μεμενήκεισαν
ἂν μεθ᾽ ἡμῶν· ἀλλ᾽ ἵνα φανερωθῶσιν ὅτι οὐκ εἰσὶν πάντες
ἐξ ἡμῶν. 20 καὶ ὑμεῖς χρίσμα ἔχετε ἀπὸ τοῦ ἁγίου καὶ οἴδατε
πάντα. 21 οὐκ ἔγραψα ὑμῖν ὅτι οὐκ οἴδατε τὴν ἀλήθειαν
ἀλλ᾽ ὅτι οἴδατε αὐτὴν καὶ ὅτι πᾶν ψεῦδος ἐκ τῆς ἀληθείας
οὐκ ἔστιν. 22 τίς ἐστιν ὁ ψεύστης εἰ μὴ ὁ ἀρνούμενος ὅτι

Ἰησοῦς οὐκ ἔστιν ὁ χριστός; οὗτός ἐστιν ὁ ἀντίχριστος, ὁ
ἀρνούμενος τὸν πατέρα καὶ τὸν υἱόν. 23 πᾶς ὁ ἀρνούμενος
τὸν υἱὸν οὐδὲ τὸν πατέρα ἔχει· ὁ ὁμολογῶν τὸν υἱὸν καὶ τὸν
πατέρα ἔχει.

24 Ὑμεῖς ὃ ἠκούσατε ἀπ᾽ ἀρχῆς ἐν ὑμῖν μενέτω. ἐὰν ἐν ὑμῖν μείνῃ
ὃ ἀπ᾽ ἀρχῆς ἠκούσατε, καὶ ὑμεῖς ἐν τῷ υἱῷ καὶ ἐν τῷ πατρὶ
μενεῖτε. 25 καὶ αὕτη ἐστὶν ἡ ἐπαγγελία ἣν αὐτὸς ἐπηγγείλατο
ἡμῖν, τὴν ζωὴν τὴν αἰώνιον.

26 Ταῦτα ἔγραψα ὑμῖν περὶ τῶν πλανώντων ὑμᾶς. 27 καὶ ὑμεῖς,
τὸ χρίσμα ὃ ἐλάβετε ἀπ᾽ αὐτοῦ μένει ἐν ὑμῖν, καὶ οὐ χρείαν
ἔχετε ἵνα τίς διδάσκῃ ὑμᾶς· ἀλλ᾽ ὡς τὸ αὐτοῦ χρίσμα
διδάσκει ὑμᾶς περὶ πάντων καὶ ἀληθές ἐστιν καὶ οὐκ ἔστιν
ψεῦδος καὶ καθὼς ἐδίδαξεν ὑμᾶς, μένετε ἐν αὐτῷ. 28 καὶ
νῦν, τεκνία, μένετε ἐν αὐτῷ, ἵνα ἐὰν φανερωθῇ, σχῶμεν

παρρησίαν καὶ μὴ αἰσχυνθῶμεν ἀπ᾽ αὐτοῦ ἐν τῇ παρουσίᾳ
αὐτοῦ. 29 ἐὰν εἰδῆτε ὅτι δίκαιός ἐστιν, γινώσκετε ὅτι καὶ
3 πᾶς ὁ ποιῶν τὴν δικαιοσύνην ἐξ αὐτοῦ γεγέννηται. 1 ἴδετε
ποταπὴν ἀγάπην δέδωκεν ἡμῖν ὁ πατήρ, ἵνα τέκνα θεοῦ
κληθῶμεν καί ἐσμεν. διὰ τοῦτο ὁ κόσμος οὐ γινώσκει ἡμᾶς,
ὅτι οὐκ ἔγνω αὐτόν.

2 Ἀγαπητοί, νῦν τέκνα θεοῦ ἐσμέν, καὶ οὔπω ἐφανερώθη τί
ἐσόμεθα· οἴδαμεν ὅτι ἐὰν φανερωθῇ, ὅμοιοι αὐτῷ ἐσόμεθα,
ὅτι ὀψόμεθα αὐτὸν καθώς ἐστιν. 3 καὶ πᾶς ὁ ἔχων τὴν
ἐλπίδα ταύτην ἐπ᾽ αὐτῷ ἁγνίζει ἑαυτὸν καθὼς ἐκεῖνος
ἁγνός ἐστιν.

4 Πᾶς ὁ ποιῶν τὴν ἁμαρτίαν καὶ τὴν ἀνομίαν ποιεῖ, καὶ ἡ
ἁμαρτία ἐστὶν ἡ ἀνομία. 5 καὶ οἴδατε ὅτι ἐκεῖνος ἐφανερώθη
ἵνα τὰς ἁμαρτίας ἄρῃ, καὶ ἁμαρτία ἐν αὐτῷ οὐκ ἔστιν. 6 πᾶς

ὁ ἐν αὐτῷ μένων οὐχ ἁμαρτάνει· πᾶς ὁ ἁμαρτάνων οὐχ
ἑώρακεν αὐτὸν οὐδὲ ἔγνωκεν αὐτόν.
7 Τεκνία, μηδεὶς πλανάτω ὑμᾶς· ὁ ποιῶν τὴν δικαιοσύνην
δίκαιός ἐστιν καθὼς ἐκεῖνος δίκαιός ἐστιν. 8 ὁ ποιῶν τὴν
ἁμαρτίαν ἐκ τοῦ διαβόλου ἐστίν, ὅτι ἀπ᾽ ἀρχῆς ὁ διάβολος
ἁμαρτάνει. εἰς τοῦτο ἐφανερώθη ὁ υἱὸς τοῦ θεοῦ ἵνα λύσῃ
τὰ ἔργα τοῦ διαβόλου. 9 πᾶς ὁ γεγεννημένος ἐκ τοῦ θεοῦ
ἁμαρτίαν οὐ ποιεῖ, ὅτι σπέρμα αὐτοῦ ἐν αὐτῷ μένει· καὶ
οὐ δύναται ἁμαρτάνειν, ὅτι ἐκ τοῦ θεοῦ γεγέννηται. 10 ἐν
τούτῳ φανερά ἐστιν τὰ τέκνα τοῦ θεοῦ καὶ τὰ τέκνα τοῦ
διαβόλου. πᾶς ὁ μὴ ποιῶν δικαιοσύνην οὐκ ἔστιν ἐκ τοῦ
θεοῦ, καὶ ὁ μὴ ἀγαπῶν τὸν ἀδελφὸν αὐτοῦ· 11 ὅτι αὕτη
ἐστὶν ἡ ἀγγελία ἣν ἠκούσατε ἀπ᾽ ἀρχῆς ἵνα ἀγαπῶμεν
ἀλλήλους· 12 οὐ καθὼς Κάϊν ἐκ τοῦ πονηροῦ ἦν καὶ

ἔσφαξεν τὸν ἀδελφὸν αὐτοῦ· καὶ χάριν τίνος ἔσφαξεν
αὐτόν; ὅτι τὰ ἔργα αὐτοῦ πονηρὰ ἦν, τὰ δὲ τοῦ ἀδελφοῦ
αὐτοῦ δίκαια.

13 Μὴ θαυμάζετε, ἀδελφοί, εἰ μισεῖ ὑμᾶς ὁ κόσμος. 14 ἡμεῖς
οἴδαμεν ὅτι μεταβεβήκαμεν ἐκ τοῦ θανάτου εἰς τὴν ζωήν,
ὅτι ἀγαπῶμεν τοὺς ἀδελφούς· ὁ μὴ ἀγαπῶν μένει ἐν τῷ
θανάτῳ. 15 πᾶς ὁ μισῶν τὸν ἀδελφὸν αὐτοῦ ἀνθρωποκτόνος
ἐστίν· καὶ οἴδατε ὅτι πᾶς ἀνθρωποκτόνος οὐκ ἔχει ζωὴν
αἰώνιον ἐν ἑαυτῷ μένουσαν. 16 ἐν τούτῳ ἐγνώκαμεν τὴν
ἀγάπην ὅτι ἐκεῖνος ὑπὲρ ἡμῶν τὴν ψυχὴν αὐτοῦ ἔθηκεν· καὶ
ἡμεῖς ὀφείλομεν ὑπὲρ τῶν ἀδελφῶν τὰς ψυχὰς θεῖναι.

17 Ὃς δ᾽ ἂν ἔχῃ τὸν βίον τοῦ κόσμου καὶ θεωρῇ τὸν ἀδελφὸν
αὐτοῦ χρείαν ἔχοντα καὶ κλείσῃ τὰ σπλάγχνα αὐτοῦ ἀπ᾽
αὐτοῦ, πῶς ἡ ἀγάπη τοῦ θεοῦ μένει ἐν αὐτῷ;

18 Τεκνία, μὴ ἀγαπῶμεν λόγῳ μηδὲ τῇ γλώσσῃ ἀλλὰ ἐν ἔργῳ
καὶ ἀληθείᾳ. 19 καὶ ἐν τούτῳ γνωσόμεθα ὅτι ἐκ τῆς ἀληθείας
ἐσμὲν καὶ ἔμπροσθεν αὐτοῦ πείσομεν τὰς καρδίας ἡμῶν,
20 ὅτι ἐὰν καταγινώσκῃ ἡμῶν ἡ καρδία, ὅτι μείζων ἐστὶν ὁ
θεὸς τῆς καρδίας ἡμῶν καὶ γινώσκει πάντα.

21 Ἀγαπητοί, ἐὰν ἡ καρδία μὴ καταγινώσκῃ ἡμῶν, παρρησίαν
ἔχομεν πρὸς τὸν θεόν, 22 καὶ ὃ ἐὰν αἰτῶμεν λαμβάνομεν
ἀπ᾽ αὐτοῦ, ὅτι τὰς ἐντολὰς αὐτοῦ τηροῦμεν καὶ τὰ ἀρεστὰ
ἐνώπιον αὐτοῦ ποιοῦμεν. 23 καὶ αὕτη ἐστὶν ἡ ἐντολὴ αὐτοῦ
ἵνα πιστεύωμεν τῷ ὀνόματι τοῦ υἱοῦ αὐτοῦ Ἰησοῦ χριστοῦ
καὶ ἀγαπῶμεν ἀλλήλους καθὼς ἔδωκεν ἐντολὴν ἡμῖν. 24 καὶ
ὁ τηρῶν τὰς ἐντολὰς αὐτοῦ ἐν αὐτῷ μένει, καὶ αὐτὸς ἐν
αὐτῷ. καὶ ἐν τούτῳ γινώσκομεν ὅτι μένει ἐν ἡμῖν, ἐκ τοῦ
πνεύματος οὗ ἡμῖν ἔδωκεν.

4 Ἀγαπητοί, μὴ παντὶ πνεύματι πιστεύετε ἀλλὰ δοκιμάζετε τὰ
πνεύματα εἰ ἐκ τοῦ θεοῦ ἐστιν, ὅτι πολλοὶ ψευδοπροφῆται
ἐξεληλύθασιν εἰς τὸν κόσμον. 2 ἐν τούτῳ γινώσκετε τὸ
πνεῦμα τοῦ θεοῦ· πᾶν πνεῦμα ὃ ὁμολογεῖ Ἰησοῦν χριστὸν
ἐν σαρκὶ ἐληλυθότα ἐκ τοῦ θεοῦ ἐστιν. 3 καὶ πᾶν πνεῦμα ὃ
μὴ ὁμολογεῖ τὸν Ἰησοῦν ἐκ τοῦ θεοῦ οὐκ ἔστιν· καὶ τοῦτό
ἐστιν τὸ τοῦ ἀντιχρίστου ὃ ἀκηκόατε ὅτι ἔρχεται καὶ νῦν
ἐν τῷ κόσμῳ ἐστὶν ἤδη. 4 ὑμεῖς ἐκ τοῦ θεοῦ ἐστε, τεκνία,
καὶ νενικήκατε αὐτούς, ὅτι μείζων ἐστὶν ὁ ἐν ὑμῖν ἢ ὁ ἐν
τῷ κόσμῳ. 5 αὐτοὶ ἐκ τοῦ κόσμου εἰσίν· διὰ τοῦτο ἐκ τοῦ
κόσμου λαλοῦσιν καὶ ὁ κόσμος αὐτῶν ἀκούει. 6 ἡμεῖς ἐκ τοῦ
θεοῦ ἐσμεν· ὁ γινώσκων τὸν θεὸν ἀκούει ἡμῶν· ὃς οὐκ ἔστιν
ἐκ τοῦ θεοῦ οὐκ ἀκούει ἡμῶν. ἐκ τούτου γινώσκομεν τὸ
πνεῦμα τῆς ἀληθείας καὶ τὸ πνεῦμα τῆς πλάνης.

7 Ἀγαπητοί, ἀγαπῶμεν ἀλλήλους, ὅτι ἡ ἀγάπη ἐκ τοῦ θεοῦ
ἐστιν καὶ πᾶς ὁ ἀγαπῶν ἐκ τοῦ θεοῦ γεγέννηται καὶ γινώσκει
τὸν θεόν· 8 ὁ μὴ ἀγαπῶν οὐκ ἔγνω τὸν θεόν, ὅτι ὁ θεὸς
ἀγάπη ἐστίν. 9 ἐν τούτῳ ἐφανερώθη ἡ ἀγάπη τοῦ θεοῦ ἐν
ἡμῖν, ὅτι τὸν υἱὸν αὐτοῦ τὸν μονογενῆ ἀπέσταλκεν ὁ θεὸς
εἰς τὸν κόσμον ἵνα ζήσωμεν δι᾽ αὐτοῦ. 10 ἐν τούτῳ ἐστὶν ἡ
ἀγάπη, οὐχ ὅτι ἡμεῖς ἠγαπήκαμεν τὸν θεόν, ἀλλ᾽ ὅτι αὐτὸς
ἠγάπησεν ἡμᾶς καὶ ἀπέστειλεν τὸν υἱὸν αὐτοῦ ἱλασμὸν περὶ
τῶν ἁμαρτιῶν ἡμῶν.

11 Ἀγαπητοί, εἰ οὕτως ὁ θεὸς ἠγάπησεν ἡμᾶς, καὶ ἡμεῖς
ὀφείλομεν ἀλλήλους ἀγαπᾶν· 12 θεὸν οὐδεὶς πώποτε
τεθέαται· ἐὰν ἀγαπῶμεν ἀλλήλους, ὁ θεὸς ἐν ἡμῖν μένει
καὶ ἡ ἀγάπη αὐτοῦ τετελειωμένη ἐν ἡμῖν ἐστίν. 13 ἐν τούτῳ
γινώσκομεν ὅτι ἐν αὐτῷ μένομεν καὶ αὐτὸς ἐν ἡμῖν, ὅτι ἐκ

τοῦ πνεύματος αὐτοῦ δέδωκεν ἡμῖν. 14 καὶ ἡμεῖς τεθεάμεθα
καὶ μαρτυροῦμεν ὅτι ὁ πατὴρ ἀπέσταλκεν τὸν υἱὸν σωτῆρα
τοῦ κόσμου. 15 ὃς ἐὰν ὁμολογήσῃ ὅτι Ἰησοῦς ἐστιν ὁ υἱὸς
τοῦ θεοῦ, ὁ θεὸς ἐν αὐτῷ μένει καὶ αὐτὸς ἐν τῷ θεῷ. 16 καὶ
ἡμεῖς ἐγνώκαμεν καὶ πεπιστεύκαμεν τὴν ἀγάπην ἣν ἔχει ὁ
θεὸς ἐν ἡμῖν. ὁ θεὸς ἀγάπη ἐστίν, καὶ ὁ μένων ἐν τῇ ἀγάπῃ
ἐν τῷ θεῷ μένει, καὶ ὁ θεὸς ἐν αὐτῷ μένει. 17 ἐν τούτῳ
τετελείωται ἡ ἀγάπη μεθ᾽ ἡμῶν, ἵνα παρρησίαν ἔχωμεν ἐν
τῇ ἡμέρᾳ τῆς κρίσεως, ὅτι καθὼς ἐκεῖνός ἐστιν καὶ ἡμεῖς
ἐσμὲν ἐν τῷ κόσμῳ τούτῳ. 18 φόβος οὐκ ἔστιν ἐν τῇ ἀγάπῃ,
ἀλλ᾽ ἡ τελεία ἀγάπη ἔξω βάλλει τὸν φόβον, ὅτι ὁ φόβος
κόλασιν ἔχει· ὁ δὲ φοβούμενος οὐ τετελείωται ἐν τῇ ἀγάπῃ.
19 ἡμεῖς ἀγαπῶμεν, ὅτι αὐτὸς πρῶτος ἠγάπησεν ἡμᾶς. 20 ἐάν
τις εἴπῃ ὅτι ἀγαπῶ τὸν θεὸν καὶ τὸν ἀδελφὸν αὐτοῦ μισῇ,

ψεύστης ἐστίν· ὁ γὰρ μὴ ἀγαπῶν τὸν ἀδελφὸν αὐτοῦ ὃν
ἑώρακεν, τὸν θεὸν ὃν οὐχ ἑώρακεν οὐ δύναται ἀγαπᾶν·
21 καὶ ταύτην τὴν ἐντολὴν ἔχομεν ἀπ᾽ αὐτοῦ, ἵνα ὁ ἀγαπῶν
τὸν θεὸν ἀγαπᾷ καὶ τὸν ἀδελφὸν αὐτοῦ.

5 Πᾶς ὁ πιστεύων ὅτι Ἰησοῦς ἐστιν ὁ χριστὸς ἐκ τοῦ θεοῦ
γεγέννηται, καὶ πᾶς ὁ ἀγαπῶν τὸν γεννήσαντα ἀγαπᾷ καὶ
τὸν γεγεννημένον ἐξ αὐτοῦ. 2 ἐν τούτῳ γινώσκομεν ὅτι
ἀγαπῶμεν τὰ τέκνα τοῦ θεοῦ, ὅταν τὸν θεὸν ἀγαπῶμεν
καὶ τὰς ἐντολὰς αὐτοῦ ποιῶμεν. 3 αὕτη γάρ ἐστιν ἡ ἀγάπη
τοῦ θεοῦ, ἵνα τὰς ἐντολὰς αὐτοῦ τηρῶμεν· καὶ αἱ ἐντολαὶ
αὐτοῦ βαρεῖαι οὐκ εἰσίν. 4 ὅτι πᾶν τὸ γεγεννημένον ἐκ τοῦ
θεοῦ νικᾷ τὸν κόσμον· καὶ αὕτη ἐστὶν ἡ νίκη ἡ νικήσασα τὸν
κόσμον, ἡ πίστις ἡμῶν. 5 τίς δέ ἐστιν ὁ νικῶν τὸν κόσμον
εἰ μὴ ὁ πιστεύων ὅτι Ἰησοῦς ἐστιν ὁ υἱὸς τοῦ θεοῦ; 6 οὗτός

ἐστιν ὁ ἐλθὼν δι᾽ ὕδατος καὶ αἵματος, Ἰησοῦς χριστός· οὐκ
ἐν τῷ ὕδατι μόνον, ἀλλ᾽ ἐν τῷ ὕδατι καὶ τῷ αἵματι· καὶ τὸ
πνεῦμά ἐστιν τὸ μαρτυροῦν, ὅτι τὸ πνεῦμά ἐστιν ἡ ἀλήθεια·
7 ὅτι τρεῖς εἰσιν οἱ μαρτυροῦντες, 8 τὸ πνεῦμα καὶ τὸ ὕδωρ
καὶ τὸ αἷμα, καὶ οἱ τρεῖς εἰς τὸ ἕν εἰσιν. 9 εἰ τὴν μαρτυρίαν
τῶν ἀνθρώπων λαμβάνομεν, ἡ μαρτυρία τοῦ θεοῦ μείζων
ἐστίν, ὅτι αὕτη ἐστὶν ἡ μαρτυρία τοῦ θεοῦ ὅτι μεμαρτύρηκεν
περὶ τοῦ υἱοῦ αὐτοῦ. 10 ὁ πιστεύων εἰς τὸν υἱὸν τοῦ θεοῦ ἔχει
τὴν μαρτυρίαν ἐν ἑαυτῷ· ὁ μὴ πιστεύων τῷ θεῷ ψεύστην
πεποίηκεν αὐτόν, ὅτι οὐ πεπίστευκεν εἰς τὴν μαρτυρίαν ἣν
μεμαρτύρηκεν ὁ θεὸς περὶ τοῦ υἱοῦ αὐτοῦ. 11 καὶ αὕτη ἐστὶν
ἡ μαρτυρία ὅτι ζωὴν αἰώνιον ἔδωκεν ἡμῖν ὁ θεός· καὶ αὕτη ἡ
ζωὴ ἐν τῷ υἱῷ αὐτοῦ ἐστιν. 12 ὁ ἔχων τὸν υἱὸν ἔχει τὴν ζωήν·
ὁ μὴ ἔχων τὸν υἱὸν τοῦ θεοῦ τὴν ζωὴν οὐκ ἔχει.

13 Ταῦτα ἔγραψα ὑμῖν, ἵνα εἰδῆτε ὅτι ζωὴν ἔχετε αἰώνιον, τοῖς
πιστεύουσιν εἰς τὸ ὄνομα τοῦ υἱοῦ τοῦ θεοῦ. 14 καὶ αὕτη
ἐστὶν ἡ παρρησία ἣν ἔχομεν πρὸς αὐτόν, ὅτι ἐάν τι αἰτώμεθα
κατὰ τὸ θέλημα αὐτοῦ ἀκούει ἡμῶν· 15 καὶ ἐὰν οἴδαμεν
ὅτι ἀκούει ἡμῶν ὃ ἐὰν αἰτώμεθα, οἴδαμεν ὅτι ἔχομεν τὰ
αἰτήματα ἃ ᾐτήκαμεν ἀπ᾽ αὐτοῦ.

16 Ἐάν τις ἴδῃ τὸν ἀδελφὸν αὐτοῦ ἁμαρτάνοντα ἁμαρτίαν
μὴ πρὸς θάνατον, αἰτήσει καὶ δώσει αὐτῷ ζωήν, τοῖς
ἁμαρτάνουσιν μὴ πρὸς θάνατον.

Ἔστιν ἁμαρτία πρὸς θάνατον· οὐ περὶ ἐκείνης λέγω ἵνα
ἐρωτήσῃ. 17 πᾶσα ἀδικία ἁμαρτία ἐστίν, καὶ ἔστιν ἁμαρτία
οὐ πρὸς θάνατον. 18 οἴδαμεν ὅτι πᾶς ὁ γεγεννημένος ἐκ τοῦ
θεοῦ, οὐχ ἁμαρτάνει· ἀλλ᾽ ὁ γεννηθεὶς ἐκ τοῦ θεοῦ τηρεῖ
ἑαυτόν, καὶ ὁ πονηρὸς οὐχ ἅπτεται αὐτοῦ. 19 οἴδαμεν ὅτι

ἐκ τοῦ θεοῦ ἐσμεν καὶ ὁ κόσμος ὅλος ἐν τῷ πονηρῷ κεῖται.
20 οἴδαμεν δὲ ὅτι ὁ υἱὸς τοῦ θεοῦ ἥκει καὶ δέδωκεν ἡμῖν
διάνοιαν ἵνα γινώσκομεν τὸν ἀληθινόν, καὶ ἐσμὲν ἐν τῷ
ἀληθινῷ, ἐν τῷ υἱῷ αὐτοῦ Ἰησοῦ χριστῷ. οὗτός ἐστιν ὁ
ἀληθινὸς θεὸς καὶ ζωὴ αἰώνιος. 21 τεκνία, φυλάξατε ἑαυτὰ
ἀπὸ τῶν εἰδώλων.

ΙΩΑΝΝΟΥ ΕΠΙΣΤΟΛΗ Α

ΙΩΑΝΝΟΥ ΕΠΙΣΤΟΛΗ Β

1 Ὁ πρεσβύτερος ἐκλεκτῇ κυρίᾳ καὶ τοῖς τέκνοις αὐτῆς οὓς ἐγὼ
ἀγαπῶ ἐν ἀληθείᾳ, καὶ οὐκ ἐγὼ μόνος, ἀλλὰ καὶ πάντες οἱ
ἐγνωκότες τὴν ἀλήθειαν, 2 διὰ τὴν ἀλήθειαν τὴν μένουσαν
ἐν ἡμῖν, καὶ μεθ᾽ ἡμῶν ἔσται εἰς τὸν αἰῶνα· 3 ἔσται μεθ᾽
ἡμῶν χάρις ἔλεος εἰρήνη παρὰ θεοῦ πατρὸς καὶ παρὰ Ἰησοῦ
χριστοῦ τοῦ υἱοῦ τοῦ πατρὸς ἐν ἀληθείᾳ καὶ ἀγάπῃ.

4 Ἐχάρην λίαν ὅτι εὕρηκα ἐκ τῶν τέκνων σου περιπατοῦντας ἐν
ἀληθείᾳ καθὼς ἐντολὴν ἐλάβομεν παρὰ τοῦ πατρός. 5 καὶ
νῦν ἐρωτῶ σε, κυρία, οὐχ ὡς ἐντολὴν καινὴν γράφων σοι,
ἀλλὰ ἣν εἴχομεν ἀπ᾽ ἀρχῆς, ἵνα ἀγαπῶμεν ἀλλήλους. 6 καὶ
αὕτη ἐστὶν ἡ ἀγάπη ἵνα περιπατῶμεν κατὰ τὰς ἐντολὰς
αὐτοῦ. αὕτη ἡ ἐντολή ἐστιν καθὼς ἠκούσατε ἀπ᾽ ἀρχῆς,
ἵνα ἐν αὐτῇ περιπατῆτε· 7 ὅτι πολλοὶ πλάνοι ἐξῆλθον εἰς τὸν

κόσμον, οἱ μὴ ὁμολογοῦντες Ἰησοῦν χριστὸν ἐρχόμενον ἐν
σαρκί· οὗτός ἐστιν ὁ πλάνος καὶ ὁ ἀντίχριστος. 8 βλέπετε
ἑαυτοὺς ἵνα μὴ ἀπολέσητε ἃ εἰργάσασθε, ἀλλὰ μισθὸν
πλήρη ἀπολάβητε. 9 πᾶς ὁ προάγων καὶ μὴ μένων ἐν τῇ
διδαχῇ τοῦ χριστοῦ θεὸν οὐκ ἔχει· ὁ μένων ἐν τῇ διδαχῇ,
οὗτος καὶ τὸν πατέρα καὶ τὸν υἱὸν ἔχει. 10 εἴ τις ἔρχεται πρὸς
ὑμᾶς καὶ ταύτην τὴν διδαχὴν οὐ φέρει, μὴ λαμβάνετε αὐτὸν
εἰς οἰκίαν, καὶ χαίρειν αὐτῷ μὴ λέγετε· 11 ὁ λέγων γὰρ αὐτῷ
χαίρειν, κοινωνεῖ τοῖς ἔργοις αὐτοῦ τοῖς πονηροῖς.

12 Πολλὰ ἔχων ὑμῖν γράφειν οὐκ ἐβουλήθην διὰ χάρτου καὶ
μέλανος· ἀλλὰ ἐλπίζω γενέσθαι πρὸς ὑμᾶς καὶ στόμα
πρὸς στόμα λαλῆσαι ἵνα ἡ χαρὰ ἡμῶν ᾖ πεπληρωμένη.
13 ἀσπάζεταί σε τὰ τέκνα τῆς ἀδελφῆς σου τῆς ἐκλεκτῆς.

ΙΩΑΝΝΟΥ ΕΠΙΣΤΟΛΗ Β

ΙΩΑΝΝΟΥ ΕΠΙΣΤΟΛΗ Γ

1 Ὁ πρεσβύτερος Γαΐῳ τῷ ἀγαπητῷ ὃν ἐγὼ ἀγαπῶ ἐν ἀληθείᾳ.
2 ἀγαπητέ, περὶ πάντων εὔχομαί σε εὐοδοῦσθαι καὶ
ὑγιαίνειν καθὼς εὐοδοῦταί σου ἡ ψυχή. 3 ἐχάρην γὰρ λίαν
ἐρχομένων ἀδελφῶν καὶ μαρτυρούντων σου τῇ ἀληθείᾳ,
καθὼς σὺ ἐν ἀληθείᾳ περιπατεῖς. 4 μειζοτέραν τούτων
οὐκ ἔχω χαρὰν ἵνα ἀκούω τὰ ἐμὰ τέκνα ἐν τῇ ἀληθείᾳ
περιπατοῦντα. 5 ἀγαπητέ, πιστὸν ποιεῖς ὃ ἐὰν ἐργάσῃ εἰς
τοὺς ἀδελφοὺς καὶ τοῦτο ξένους, 6 οἳ ἐμαρτύρησάν σου τῇ
ἀγάπῃ ἐνώπιον ἐκκλησίας, οὓς καλῶς ποιήσεις προπέμψας
ἀξίως τοῦ θεοῦ. 7 ὑπὲρ γὰρ τοῦ ὀνόματος ἐξῆλθον μηδὲν
λαμβάνοντες ἀπὸ τῶν ἐθνικῶν. 8 ἡμεῖς οὖν ὀφείλομεν
ὑπολαμβάνειν τοὺς τοιούτους ἵνα συνεργοὶ γινώμεθα
τῇ ἀληθείᾳ.

9 Ἔγραψά τι τῇ ἐκκλησίᾳ· ἀλλ᾽ ὁ φιλοπρωτεύων αὐτῶν
Διοτρεφὴς οὐκ ἐπιδέχεται ἡμᾶς. 10 διὰ τοῦτο, ἐὰν ἔλθω,
ὑπομνήσω αὐτοῦ τὰ ἔργα ἃ ποιεῖ, λόγοις πονηροῖς φλυαρῶν
ἡμᾶς· καὶ μὴ ἀρκούμενος ἐπὶ τούτοις, οὔτε αὐτὸς ἐπιδέχεται
τοὺς ἀδελφοὺς, καὶ τοὺς βουλομένους κωλύει καὶ ἐκ τῆς
ἐκκλησίας ἐκβάλλει.

11 Ἀγαπητέ, μὴ μιμοῦ τὸ κακὸν ἀλλὰ τὸ ἀγαθόν. ὁ ἀγαθοποιῶν
ἐκ τοῦ θεοῦ ἐστιν· ὁ κακοποιῶν οὐχ ἑώρακεν τὸν θεόν.
12 Δημητρίῳ μεμαρτύρηται ὑπὸ πάντων καὶ ὑπὸ αὐτῆς
τῆς ἀληθείας· καὶ ἡμεῖς δὲ μαρτυροῦμεν, καὶ οἶδας ὅτι ἡ
μαρτυρία ἡμῶν ἀληθής ἐστιν.

13 Πολλὰ εἶχον γράψαι σοι, ἀλλ᾽ οὐ θέλω διὰ μέλανος καὶ
καλάμου σοι γράφειν· 14 ἐλπίζω δὲ εὐθέως σε ἰδεῖν, καὶ

στόμα πρὸς στόμα λαλήσομεν. 15 εἰρήνη σοι. ἀσπάζονταί σε
οἱ φίλοι. ἀσπάζου τοὺς φίλους κατ᾽ ὄνομα.

ΙΩΑΝΝΟΥ ΕΠΙΣΤΟΛΗ Γ